Vente des 17, 18 et 19 Juin 1907

(HOTEL DROUOT, Salle n° 10)

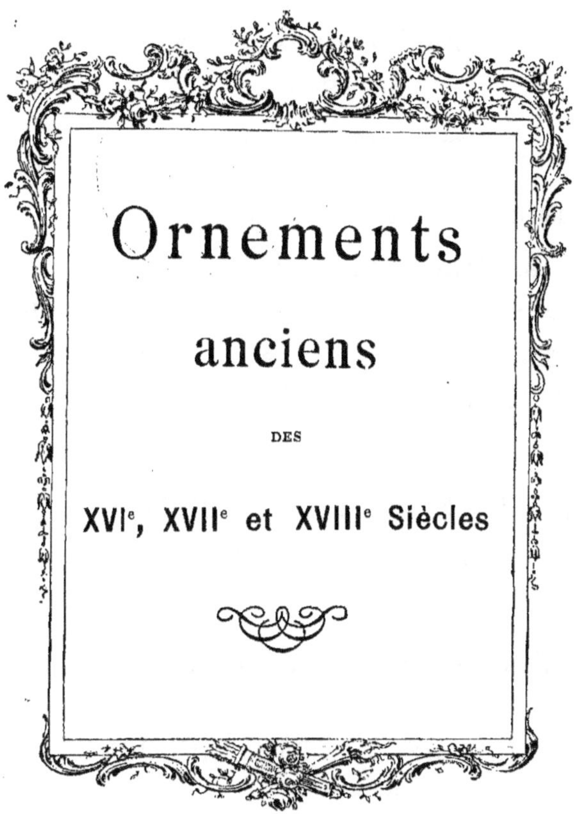

Ornements anciens

DES

XVIe, XVIIe et XVIIIe Siècles

PARIS
LIBRAIRIE CHARLES FOULARD
7, QUAI MALAQUAIS, 7

1907

Poitiers. — Imp. BLAIS et ROY, 7, rue Victor-Hugo.

LA VENTE AURA LIEU

Les Lundi 17, Mardi 18 et Mercredi 19 Juin 1907

HOTEL DROUOT

(Salle n° 10)

A DEUX HEURES PRÉCISES

Par le ministère de Me MAURICE DELESTRE, ✻, Commissaire-Priseur
5, rue Saint-Georges, 5

Assisté de M. CHARLES FOULARD, Libraire
7, quai Malaquais, 7

CONDITIONS DE LA VENTE

La vente se fait expressément au comptant.

Les adjudicataires paieront *10 pour cent* en sus des enchères.

Exposition chaque jour de vente de 10 h. à 11 h. du matin à l'hôtel des Ventes.

L'exposition mettant à même de se rendre compte de l'état des recueils, les articles ne seront repris pour aucune cause, l'adjudication prononcée.

Le libraire chargé de la vente remplira les commissions des personnes qui ne pourraient y assister

Vente des 17, 18 et 19 Juin 1907

(HOTEL DROUOT, Salle n° 10)

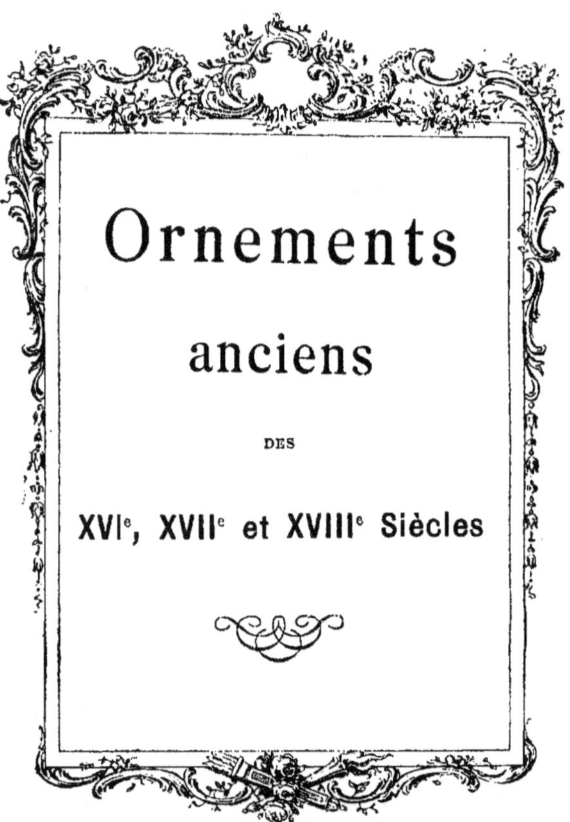

Ornements

anciens

DES

XVIe, XVIIe et XVIIIe Siècles

PARIS
LIBRAIRIE CHARLES FOULARD
7, QUAI MALAQUAIS, 7
—
1907

ORDRE DES VACATIONS

Lundi 17 juin	Nos 303 à 345
—	1 à 67
Mardi 18 juin	Nos 271 à 302
—	68 à 141
Mercredi 19 juin	Nos 189 à 270
—	142 à 188

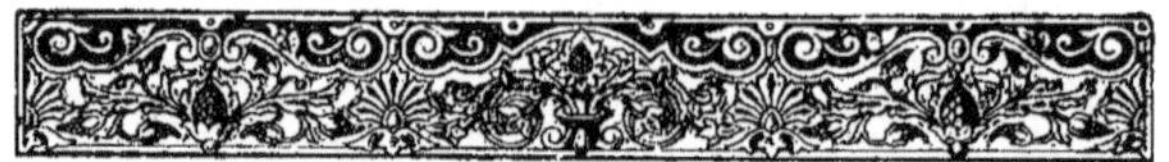

ORNEMENTS ANCIENS

DES

XVIe, XVIIe et XVIIIe siècles

ANDROUET DU CERCEAU (J.)

1 — Le Premier (et le Second) volume des plus excellens bastiments de France. Paris, 1607, 2 tomes en un vol. in-fol. veau, filets, compartiments, tr.dor.

Le premier volume comprend : 1 titre, 1 dédicace, 6 ff.de texte et 64 pl.doubles ; le second, 1 titre, 1 dédicace, 5 ff. de texte et 61 pl. doubles. Reliure fatiguée.

2 — Livre d'architecture, auquel sont contenues diverses ordonnances de plants et élévations de bastiments pour seigneurs, gentilshommes et autres qui voudront bastir aux champs. Paris, 1582, in-fol., veau; 26 ff. de texte et 52 pl.

Quelques raccommodages ou taches.

3 — Livre d'architecture contenant les plans et dessaings de cinquante bastiments tous différens. Paris, 1611, in-fol., vélin, 16 ff. de texte et 69 planches.

Ex. lavé et encollé.

ANDROUET DU CERCEAU (J.) (*Suite*)

4 — Livre de grotesques. Suite de 51 pièces y compris le titre. Aureliae, 1550, in-12 (jolie reliure moderne, imitation du XVIe siècle).

Restauration à 3 p. ; grandes marges.

5 — Cartouches ornementés, 8 ff. in-4.

6 — Cartouches, plafonds, 31 ff. in-4.

7 — Vases, 63 pièces.

8 — Suite de 36 pièces de panneaux grotesques appelés « grandes arabesques ». Paris, 1566, in-fol. vél.

Dans le même volume se trouve : **Dietterlin**. Architectura und Aufstheilung der V Seuln. Das erst Buch. Stuttgart, 1593, 40 pl. Première édition dont le premier livre fut seul publié. Tache à la pl. 40.

9 — Ornements à la mode. Suite de 10 pièces y compris le titre; deux sujets à la feuille. In-fol.

ANONYME

10 — Trois médaillons ovales en hauteur représentant des paysages. Gravures au pointillé.

11 — Suite de 3 pièces : Assiettes de parade dont le plat intérieur est orné de poissons, écrevisses, fruits, grues et pélicans dans un cadre de rinceaux. Gravures du XVIe siècle dans le goût de Floris et de Collaert.

AUDRAN (C.) (1658-1734)

12 — Suite de 6 pièces représentant les mois de l'année contenus dans douze montants. In-fol.

AVELINE

13 — Vues de Paris, Versailles, Saint-Cloud, Fontainebleau, etc. Paris (vers 1695), in-fol. obl., vélin ; 70 ff.

BELLAY

14 — Premier (et second) livre de panneaux arabesques genre rocaille, avec motifs chinois. Deux cahiers de chacun 1 titre et 6 ff. (le titre du 1er cah. manque). Paris, s. d. (vers 1750), in-fol. obl.

Taches.

BÉRAIN

15 — Suite complète de 12 pièces représentant des panneaux, montants, armoiries, mascarons. Paris, Langlois, vers 1710, in-4.

16 — Le camp de la douleur, dessein de l'appareil funèbre pour le service solennel fait au prince de Condé dans l'église N.-D. de Paris en 1687 ; pièce in-fol.

BERTREN

17 — Premier cahier d'ovales et de médaillons pour les bijoux et les voitures, 8 ff. Paris, s. d. (vers 1771), petit in-4.

Suite non citée.

BIJOUTERIE. JOAILLERIE. ORFÉVRERIE

ANONYME

18 — Coupe ornée dans le plus riche style; au milieu un médaillon avec 2 dauphins ; sur les côtés du pied, 2 médaillons semblables. Travail au pointillé dans le goût de Flindt.

ANONYME

19 — Grande coupe sur son pied. La panse est formée par un monstre marin ; sur le couvercle Neptune debout dans une coquille que traîne un cheval. Le tout enrichi d'or, d'émaillerie et de pierres fines. Miniature italienne du XVIe siècle sur peau de vélin.

ARMANCOURT

20 — Nouveau livre de deseins de jouaillerie. London, 1754, in-fol. obl., cartonné ; 7 ff.

Livre de joaillerie non décrit.

BABIN

21 — Collection de 32 beaux dessins de colliers, broches, pendeloques. S. l. (vers 1750), in-8 et in-4 obl.

BABIN (?)

22 — Collection de 32 jolis dessins en partie coloriés, représentant des motifs de joaillerie : broches, colliers, poignée d'épée. S. l. (vers 1750), in-8 et in-4 obl.

BAUMANN

23 — Livre d'orfévrerie. Suite complète de 1 titre et 16 feuilles. Augsburg, 1696, in-4 obl.

Motifs de bijouterie dans le genre de Morrisson.

BOURDON (Pierre)

24 — Essais de gravure où l'on voit de beaux contours d'ornements traités dans le goût de l'art, propre aux horlogers, orfévres, ciseleurs, graveurs et à toutes persones curieuses.

Livre troisième, 7 pièces y compris le titre. A Paris, chez l'auteur, petit in-4 obl.

Quelques taches.

BOURGUET (J.)

25 — Livre de taille d'épargne de goût ancien et moderne propre pour les apprentis orfévres. Paris, 1702-23, petit in-4; 7 ff.

BOYVIN (P.)

26 — Suite de 8 (sur 9) dessins d'orfévrerie : aiguières, coupes, salières, plateaux, brasiers, flambeaux, nécessaire de toilette, etc. S. l. n. d., in-4 obl.

Suite très rare; 2 ff. sont lavées et remmargées.

BRICEAU

27 — Suite de 8 pièces y compris le titre : Feuillages d'orfévrerie exécutés en blanc sur fond noir et en noir sur fond blanc. Paris, 1709, petit in-8 obl.

Le 3e feuillet est rogné et taché.

BRY (Th. de) (1528-1598)

28 — Trois agrafes, incrustées d'ornements sur fonds noirs ornés de 3 sujets : Actéon surprenant Diane au bain ; Judith mettant la tête d'Holopherne dans un sac et Jael tuant Sissara ; 3 p.

Très rare.

CONSTANTINUS

29 — Ornements d'orfévrerie sur fond noir (losange, médaillon, croix) soutenus par des personnages ou des monstres marins. S. l., vers 1620, in-12 obl.; 4 pièces.

FLACH (Th.)

30 — A book of Jewellers work. London, 1736, in-fol., br.

GERMAIN (P.)

31 — Eléments d'orfévrerie divisés en deux parties. Paris, 1748, 2 parties, la première d.-veau, la deuxième br.; pl. grav.

Ex. en grand papier.

GIARDINI (Joa.)

32 — Promptuarium artis argentariæ ad cujuscumque generis vasa argentea ac aurea invenienda. Romæ, 1750, 2 p. en 1 vol., in-f. veau; 100 pl. grav.

HERBST (J.-B.)

33 — A book of Several Jewelers work made by Herbst. London, 1710, in-4 obl.; 6 ff.

HURTU (J.)

34 — Suite de 6 (sur 7) pièces en largeur. Dessins d'orfévrerie, carquois, écussons en blanc sur fond noir, entourés d'insectes et de figurines. S. l. (vers 1615), in-12 obl.

JACQUARD

35 — Suite complète de 7 pièces : gardes d'épée, pommeaux, bouts de gaine, etc. S. l., vers 1624, petit in-4.

JOAILLERIE

36 — Représentation exacte du grand collier en brillants des Srs. Boëhmer et Bassenge. Gravé d'après la grandeur des diamans à la fin du XVIIIe siècle, in-fol.

L'EGARÉ (Gilles.)

37 — Livre des ouvrages d'orfévrerie. Suite de 12 pièces y compris le titre. Paris, 1663, petit in-8.

Ces pièces représentent des modèles de nœuds, pendeloques, bracelets, bagues, chaînes, etc. Guilmard ne cite que 8 pièces.

L'ÉGARÉ (1615-76).

38 — Livre de feuilles d'orféurerie. Suite de 7 pièces y compris le titre. S.l., vers 1650, petit in-8.

Ces pièces représentent des palmettes de joaillerie genre cosses de pois avec paysages dans le bas.

LE ROY

39 — Le jardin des sauterelles et papillons, ensemble la diversité des mouches (pour l'orfévrerie). S. l. (vers 1610), in-8. Titre et 13 pl. numérotées.

MARIA

40 — Dessins de joaillerie et de bijouterie grav. par Babel.Paris, vers 1760, in-fol. obl. ; 15 ff. donnant 130 motifs.

MONCORNET (E.)

41 — Livre nouveau de toutes sortes d'ouvrages d'orfévreries recueillis des meilleurs ouvriers de ce temps. Suite complète de 12 ff., y compris le titre. Paris, 1665, in-4.

Quelques petites taches. Grandes marges.

MONDON (père)

42 — Premier livre de pierreries pour la parure des dames : aigrettes, boucles d'oreilles, nœuds, etc. Suite de 1 titre et de 5 (sur 6) planches. Paris, vers 1710, in-4 obl.

ROUPERT (L.)

43 — Suite de 10 ff. Dessins de feuillages et d'ornements pour l'orfèvrerie et la niellure par Roupert, maître-orfèvre à Metz. Paris, Mariette, vers 1680, petit in-fol.

SAINT (G.-D.)

44 — Livre d'ouvrages de joaillerie inventé par Saint. S. l., 1759, in-fol. obl.; 3 ff.

SOLIS (Virgile)

45 — Gobelet avec son couvercle au sommet duquel est un aigle éployé, 1 p.

Taches et raccommodages.

BLONDEL (J.-F.)

46 — De la distribution des maisons de plaisance et de la décoration des édifices en général. Paris, 1737-38, 2 vol. in-4, veau; pl. grav.

BLONDEL (J.-F.)

47 — Livre nouveau ou règles des cinq ordres d'architecture, par Barozzio de Vignole. Nouvellement revu, corrigé et augmenté par M. B***. Paris, Petit, 1767, in-fol., d.-veau; 106 pl. grav.

Mouillures.

BOISSARD

48 — Icones variæ. Medallons divers de J.-J. Boissard bisuntin. Taillez par Alex. Vallce de Bar le Duc, J. Aubrii formis. Metis, 1584, petit in-4, d.-mar.

Exemplaire de premier tirage comprenant 1 titre, le privilège, 2 dédicaces, 1 portrait et 53 portraits en médaillons (le dernier se répète). La figure 20 est du second tirage avec texte au verso. Légères taches.

BOLLMANN (Hier.)

49 — Nouveaux desseins de meubles et ouvrages de bronze et de marqueterie. S. l. (vers 1740), in-4 obl.; 8 ff.

Guilmard ne cite que 6 pièces.

BONNARD

50 — Recueil de portraits de plusieurs dames souveraines et dames de qualité et estampes diverses. Habillement de l'époque Louis XIV. Estampes en couleurs et rehaussées d'or, gravées par Bonnart, Mariette, Trouvain, etc. Paris, 1676-95, in-fol., veau.

Collection de 157 estampes représentant des portraits en pied de femmes célèbres, les 4 parties du jour, les éléments, les saisons, etc. Taches et raccommodages.

BOS (Corn.)

51 — Panneaux grotesques. *Dessins originaux* exécutés vers 1560. Petit in-fol.; 14 ff.

BOSSE (A.)

52 — Les cinq sens. Suite de 5 ff. représentant des intérieurs d'appartements, avec personnages, avec légende au bas. Paris, s. d., in-fol. obl.; légères déchirures.

BOUCHER (Fils)

53 — Œuvre. Recueil de 297 planches de la première et de la seconde série, gravées par Pelletier, Berthault, Duval, Chéreau, etc. Paris, 1774, in-fol.

Ce recueil comprend :

1re série. Pl. 1 à 10, 18 à 20, 24, 31 à 39, 46, 59, 61 à 66, 68, 69, 71, 73 à 84, 114, 121 à 162, 176 à 180, 182, 187 à 300, 307, 311, 313 à 318, 338 à 341, 345, 349 à 354, 379 à 384, 386, 388; soit 239 pl. sur 390 qu'il faut.

2e série. Cahiers A à G complets, H (nos 2 à 4), J à M complets, N (nos 1, 3, 4), O et P complets; soit 58 pl. sur 60.

Quelques taches ou marges courtes.

54 — Recueil de 43 planches des séries I et II de son œuvre en un vol. in-fol., d.-chagrin.

De la première série, il y a :

Cahiers 21 à 27 comprenant les planches 123 à 143, 145 à 156, 161, 162.

De la seconde série : Cahiers A (nos 3, 4), C (nos 2 à 4), D, complet.

55 — Recueil de 63 planches en feuilles de la première série de l'œuvre.

Ainsi composé : Cahiers, 35, 37, 40, 43, 46 à 49 complets, cahiers 39 (nos 1 à 4 et 6), 41 (1 et 3 à 6), 45 (1 à 3, 5, 6).

CAHIERS SÉPARÉS

56 — Suite I. Cah. 25 (nos 145 à 150). Panneaux avec lambris, 6 ff.

57 — — Cah. 26 (151 à 156). Portes à placard, 6 ff.

BOUCHER (Fils) (*Suite*)

58 — Suite I. Cah. 33 (193-198). Croisées, 6 ff.; une tachée d'eau.

59 — — Cah. 35 (205-210). Niches, 6 ff.; une tachée d'eau.

60 — — Cah. 43 (253-258). Clefs avec têtes, 6 ff., petites marges.

61 — — Cah. 48 (283-288). Portes d'hôtels, 6 ff.

62 — Suite II. Cah. L. Salles à manger et vestibules, 4 ff.

63 — — Cahier O. Gallerie et Salon, 4 ff.

BOYVIN (R.)

64 — Libro di variate mascare quale servono a pittori, scultori et a huomini ingeniosi. S. l., 1560, in-4; 23 ff.

Suite fort rare.

BOYVIN. VREDEMANN DE VRIESE. MIRICENIS. COCK

65 — Très important recueil de 8 suites très précieuses du XVIe siècle comprenant ensemble 146 pièces à toutes marges, reliées en un vol. in-4, veau, tr. dor. (riche reliure ancienne abîmée).

Cet important recueil comprend :

Boyvin. Suite de dessins propres aux joailliers et bijoutiers, 23 pièces sur 12 ff., épreuves avant la lettre et les numéros.

— Vases dans le goût de Polydore, 12 pièces avant la lettre et les numéros.

— Suite de 16 (sur 20) pièces numérotées 1 à 4, 7 à

BOYVIN. VREDEMANN DE VRIESE. MIRICENIS COCK (*Suite*)

14, 17 à 20, représentant des panneaux grotesques en hauteur avec figures mythologiques au milieu et légendes latines au bas.

Vries (Vredemann de). Cartouches à compartiments ornés de cuirs découpés avec devises latines au milieu. Suite de 30 pièces, y compris le titre.

— Grottesco, in diversche manieren Zeer Chierlyk bequaem en oirboorlye vor Schilders, Glaesschryners, Beeldsnyders, 17 ff. de panneaux arabesques.

Miricenis. Compertimentorum, quod vocant multiplex genus lepidissimis historiolis poëtarumque fabellis ornatum ; 16 pièces.

Cock. Compartiments ornés avec cartouches au milieu ; 16 pièces.

Cette dernière suite est en double. Une suite de Vries est tachée d'eau.

BRISVILLE (Hugues)

66 — Diverses pièces de serruriers inventées par Hugues Brisville et gravéz par J. Bérain. Suite complète de 16 pièces. Paris, Langlois, 1663, in-4.

Portrait de l'auteur ajouté ; marges restaurées.

BULLET (P.)

67 — Palais archiépiscopal de Bourges, plan, coupes, élévations ; 8 planches d'après Bullet, gravées par Lucas. A Paris, chez Jombert, 1690, in-fol. obl., n. r.

CALLIGRAPHIE: CHIFFRES

AUBRY

68 — Alphabet baroque. 25 feuilles représentant les lettres de l'alphabet entourées de masques grotesques. Strasbourg, s. d. (vers 1630), in-4, cart.

Pièces non décrites. Raccommodages.

BARBEDOR (L.)

69 — L'escriture financière dans sa naïfveté avec les autres escritures françoises, propres, nécessaires et usitées selon les diverses occurrances d'affaires. Paris, s. d., in-4 obl., vélin ; 20 ff. y compris le titre.

Quelques taches ; déchirure.

BRY (Th. de)

70 — Nova alphati effictio Historiis ad singulas literas correspondantibus et toreumate Bryanaeo artificiose in aes incisis illustrata.

Francof., 1595, in-4, vel.

Titre, 2 ff. et 24 planches. Grand alphabet majuscule dont les lettres sont formées par des découpures ornées de figures d'oiseaux, de fleurs et de fruits. Elles sont accompagnées d'un texte en vers latins et allemands dans lesquelles se trouve le nom de la figure principale représentée.

HONDIUS

71 — Theatrum artis scribendi varia summorum artificum exemplaria complectens novem linguis exarata. S. l. n. d. (1594), petit in-fol. obl., d.-rel.

Composé de 1 titre encadré, 1 ff. blanc, 2 ff. de texte de 41 planches, exemples d'écritures gravées ; chaque planche est ornée d'une bordure.

LEGANGNEUR

72 — La technographie ou briève méthode pour parvenir à la parfaite connoissance de l'écriture françoise. — La Rizographie ou les sources,éléments et perfect. de l'écriture italienne. — La Calligraphie ou belle écriture de la langue grecque. Paris, 1599, 3 parties en 1 vol. in-4, veau, dos et plats ornés, tr. dor. ; 87 fig.

Les titres des 2 premières parties manquent ; quelques mouillures ou raccommodages.

NEUDORFFER

73 — Anweijsung einer gemeinen Hanndschrift. Nürnberg, 1538, in-fol. obl.

99 ff. de modèles de calligraphie dans tous les genres d'alphabets. Ex-libris et blason de Christ, Scheurl par Amman.

SENAULT

74 — Heures nouvelles dédiées à Madame la Dauphine, écrites et gravées par Senault, Paris, s. d., (vers 1680), in-8, veau gaufré, fermoirs ; figures.

Quelques mouillures.

TERRY

75 — A complete round of cyphers for the use of engravers, painters, sculptors, jewellers, enamellers, etc., consisting of 600 for the forming of cyphers. London, vers 1765, in-4, d.-veau ; 26 pl.

TORY (Geoffroy) de Bourges

76 — L'art et science de la vraye proportion des lettres attiques ou antiques autrement dictes, Romaines,

selon le corps et le visaige humain, avec l'instruction de faire chiffres et lettres pour bagues d'or, pour tapisserie, vitres et painctures, etc. Paris, Gaultherot, 1549, in-8, maroq., dent. int., tr. dor., (rel. anc.); fig. sur bois.

VELDE (J. van den)

77 — Thresor littéraire cont. plusieurs diverses escritures tant latines et romaines que italiennes et espagnoles. Seconde partie. Amsterdam, 1608, in-fol. obl.

Livre de calligraphie comprenant 14 ff. de texte et 46 planches.

VERIEN (Nic.)

78 — Livre curieux et utile pour les sçavants et artistes, composé de trois alphabets de chiffres simples, doubles et triples accompagné d'un grand nombre de devises, emblèmes, médailles, etc. Paris, s. d. (XVIIIe siècle), in-8, d.-rel., 4 titres, dédicace et 250 pl.

CHARPENTIER (1733-90)

79 — Premier livre de différents trophées inventez par R. Charpentier, sculpteur du Roy et gravé par Huquier. Suite complète de 12 pièces. Paris, Huquier, petit in-fol.

COLLINS (J.)

80 — A new book of Shields composed of variety of ornaments and trophies calculated for the use of artificers in general. London, vers 1760, in-4; 6 p.,

CUVILLIÈS (Père et Fils)

ŒUVRES

1re PUBLICATION

81 — Cah. 3. Livre de cartouches réguliers, 6 p.
82 — Cah. 4. Cartouches irréguliers, 6 p.
83 — Quart de plafonds avec leurs rosaces, 7 p.
84 — Panneaux irréguliers, 5 (sur 6) p.

Suite non citée par Bérard.

2e PUBLICATION

85 — Cah. A. Morceaux de caprices à divers usages, 6 p.
86 — Cah. B. Morceaux de caprices, 6 p.
87 — Cah. C. Panneaux à divers usages, 7 p.
88 — Cah. D. Morceaux de caprices, 6 p.
89 — Cah. E. Livre de tables, 6 p.
90 — Cah. F. Livre de différents dessins de commodes, 6 p.
91 — Cah. G. Livre de serrurerie, 6 p.
92 — Cah. H. Nouveau livre de serrurerie, 6 p.
93 — Cah. I. Morceaux de caprices, 4 p.
94 — Cah. K. Morceaux de caprices, 6 p.
95 — Cah. L. Livre d'ornements, 4 p.
96 — Cah. N. Projet général d'une maison de campagne, 5 p.
97 — Cah. O. Morceaux de caprices, 4 p.
98 — Cah. P. Portes cochères, 6 p.
99 — Cah. Q. Dessins de lambris, 6 p.

CUVILLIÈS (Père et Fils) (*Suite*)

100 — Cah. S. Livre d'ornements, 6 p.
101 — Cah. T. Décorations de lambris, 6 p.
102 — Cah. V. Bordures de tableaux, 6 p.
103 — Cah. 21. Livres d'ornements, 6 p.

Non cité par Bérard.

104 — Livre de plafonds et d'un poële 5 (sur 6) p.

3e PUBLICATION

105 — Cah. A. Projet d'un bâtiment, 4 p.
106 — Cah. B. Projet de belvédère, 3 p.
107 — Cah. C. Projet d'un bâtiment, 5 p.
108 — Cah. D. Plan d'une maison de plaisance, 4 p.
109 — Cah. F. Livre d'études, 6 p.
110 — Cah. G. Projet de volière, 5 p.
111 — Cah. H. Projet d'un bâtiment, 6 p.
112 — Cah. J. Projet d'une maison de campagne, 4 p.
113 — Cah. K. Plan d'une maison de campagne, 4 p.
114 — Cah. L. Projet d'un bâtiment, 4 p.
115 — Cah. M. Projet d'un petit pavillon, 4 p.
116 — Cah. O. Plan général d'une maison de campagne, 5 p.
117 — Cah. P. Projet d'une maison de campagne, 5 p.
118 — Cah. Q. Projet d'une maison de campagne, 6 p.
119 — Cah. R. Projet d'une maison de campagne, 6 p.
120 — Cah. S. Projet d'un bâtiment, 7 p.
121 — Suite de 30 p., paysages, animaux, fontaines, monuments, etc.
122 — 54 pièces diverses de Cuvilliès père, in-fol.

DECKER (P.)

123 — Deux suites de 5 pièces chacune : petits panneaux grotesques. Nuremberg, vers 1700, in-4.

DELAFOSSE (J.-Ch.)

124 — Deuxième partie de l'œuvre. Comprenant : titre, les cahiers T à Z et AA à SS et 3 ff. Projet de prison. Ensemble 142 pièces en 1 vol. in-fol., dérelié.

Il ne manque donc à cette deuxième partie pour être complète que les cahiers TT. et VV. Les nos 5 et 6 du cahier MM sont courts de marge.

DE L'ORME (Philibert)

125 — L'Architecture. Paris, de Marnef et Cavellat, 1576, in-fol., d.-veau; fig. sur bois.

DENTELLES. BRODERIES ORNEMENTS DE RELIURES

FLORINI (Matt.)

126 — Fiori di ricami nuovamente posti in luce : nei quali sono varii et diversi disegni di lavori; come Merli, Bauari, Manichetti, etc. Venetia, 1596 in-4 obl., vélin.

Comprenant : titre, dédicace et 32 ff. de broderie. Titre et dédicace fac-similés.

FLORINI (Matt.)

127 — Fiori di ricami nuovam. posti in luce : nei quali sono varii et diversi disegni di lavori; come Merli, Bauari, Manichetti. Venetia, 1591, in-4 obl., vélin.

Livre de dentelles comprenant : 1 titre et 17 ff. Exemplaire lavé; quelques raccommodages.

PAGAN

128 — Ornamento delle belle et virtudiose done. Opera nuova ne la ql. trouerai uarie sorti di Frisi done potrai ornar ogni dôna et ogni letto conponti tagliati pôti groposi, etc. Venegia, 1543, in-4.

Première édition de ce livre précieux comprenant 1 titre orné et 45 pl. grav. sur 24 ff. Quelques taches.

PAGAN

129 — Giardineto novo di punti tagliati et gropposi per exercitio et ornamento delle Donne. Venetia, 1554, in-4, maroq. (rel. moderne).

Précieux recueil de broderies comprenant 24 ff. imprimées au recto et au verso ; quelques taches.

SCHWERTFEGER (J.-G.)

130 — Nützliches Stempffelbuch von allerley Krummen Villeten auch Saubern Stempffeln. Nürnberg, 1697, in-4, obl.

Recueil à peu près inconnu. Titre et 13 ff. représentant des modèles pour reliures tant pour les plats que pour les dos et les tranches. Petites mouillures.

TOZZI (P.)

131 — Libro novissimo di rechami el quale insegna adogni creatura el modo de lavorare et fare ponti di rechamo non mai piu facto et imparato. S. l. n. d. (Padua, vers 1600), in-4, vélin.

Ce précieux recueil à peu près inconnu comprend 1 titre et 12 ff. contenant de 20 à 30 dessins. 8 ff. sont remontées ; la ff. 12 est découpée et ne contient que 15 dessins collés.

VOGT

132 — Invention newer Contrafacturischer Vorstellung allerhand Bücher auffm Schmitt zierlichen zu stempffen : Der gleichen hiebe vor niemahlen üblich oder in Kuppffer heraus kommen ; Jetzo aber denen Kunstbegierigen zu sonderem Nutzen und Wolgefallen an das Liecht gebracht. Ulm, 1644, in-4, obl.

Très précieux recueil composé de 7 ff. dont 5 doubles donnant des modèles de décoration pour les tranches des livres. Chaque ff. contient de 8 à 12 motifs de différents styles. Petites marges, taches ou raccommodages.

DESSINS

133 — Modèles d'une partie d'une « Casula » et du capuchon d'un « Pluviale », copiés au commencement du xvie siècle, d'après des originaux du xiie siècle, grandeur nature des vêtements. 2 ff. de dessins à la plume coloriés dont le décor est formé de médaillons représentant des scènes de la Passion.

134 — Dessins au lavis très soigneusement exécutés au commencement du xviiie siècle représentant des vues, plans et élévations de diverses maisons de plaisance, petits châteaux, chapelles, pavillons. S. l. n. d., in-fol. obl., veau ; 144 ff.

FARINESTE

135 — Diverses figures à l'eau-forte de petits amours, anges volants et enfants propres à mettre sur frontons, portes et autres lieux. Suite de 30 planches dessinées par P. Farinati et gravées par Bosse. S. l. n. d., 30 pièces montées sur bristol.

FAY (J.-B.)

136 — Troisième cahier d'arabesques à l'usage des artistes, 6 ff. de montants à 2 motifs par feuille. Paris, Mondhare, 1760, in-fol.

137 — Cinquième cahier d'arabesques ; 6 ff. Paris, Mondhare, 1780, in-fol.

138 — Huitième cahier d'arabesques et de bordures. Suite complète de 6 ff., chacune de 6 motifs de bordure. Paris, Mondhare, in-fol.

139 — Quatorzième cahier de serrureries modernes, grilles et balcons, 4 ff. in-fol.

140 — Dix-neuvième cahier d'arabesques, 4 ff. Paris, Mondhare, in-fol.

141 — Quarante-deux pièces de bordures et arabesques extraites de différentes suites montées en un vol. in-fol., d.-rel.

FLOETNER (P.)

142 — Grotesques et mauresques. Suite de 7 ff. gr. in-8, imprimées des deux côtés.

143 — Strada. Imperatorum roman. omnium oriental. et occident. veriss. imagines ex antiq. numismatis quam fideliss. delineatæ. Tiguri, A. Gesner, 1559, in-fol. veau.

Comprenant 118 portraits grav. sur bois, entourés d'ornements et 134 petits motifs gravés par Floetner.

FORTY

144 — Œuvres de sculpture en bronze. Cahier A. Girandoles, 6 ff. à toutes marges.

145 — Cahier D. Pendules, ff. 1 à 4 et 6; 5 ff. à toutes marges.

146 — Cahier E. Bras de cheminées; 6 ff. à toutes marges.

147 — Cahier F. Pendules en cartels; 6 ff. à toutes marges.

148 — Cahier G. Baromètres; 6 ff. à toutes marges.

149 — Œuvres d'orfévrerie à l'usage des églises (calices, ciboires), flambeaux de table; 3 cahiers de 6 ff.

Quelques mouillures.

FRANCINE (Alex.)

150 — Livre d'architecture contenant plusieurs portiques de différentes inventions. Paris, 1631, in-fol. veau; pl. grav.

GRIBELIN

151 — A new book of ornaments useful to all artists; 12 ff. London, 1785, in-4.

Taches en marges.

HECKELL

152 — A new book of Sheilds usefull for all sorts of artificers; 6 ff. y compris le titre. London, 1752, in-4.

HEPPLEWHITE

153 — The Cabinet Maker and upholsterers guide, or repository of designs for every article of household furniture. London, 1794, in-fol. vél.

Les planches 124 et 125 manquent; quelques mouillures.

HOPE (Th.)

154 — Household furniture and interior decoration. London, 1807, in-fol. d.-veau; 59 pl. grav.

HUQUIER

155 — Recueil factice de 51 planches de différentes suites représentant des cartouches et des trophées. Paris, Huquier, 1732, in-fol., d.-veau.

Ce recueil comprend :

1° La Joue. Livre de cartouches de guerre, 7 ff.

2° La Joue. Recueil nouveau de différents cartouches, 12 ff.

3° La Joue. Second livre de cartouches, 12 ff.

4° Watteau. Livre nouveau de différents trophées, 12 ff.

5° Gillot. Livre d'ornements de trophées, culs-de-lampe et devises, 12 ff.

IMBARD (?)

156 — Livre de croquis comprenant 62 pages de dessins originaux, la plupart au lavis, représentant des antiquités des musées de Rome, des vues de bâtiments et des détails d'ornementation. Environ 100 motifs exécutés vers 1800, in-4, veau.

JAMNITZER (Chr.)

157 — Suite de 60 pièces exécutées par Jamnitzer, orfèvre à Nürnberg. Livre de grotesques représentant des personnages grotesques et des jouets d'enfants. Nürnberg; 1610, in-4 obl.

Quelques pièces courtes de marges, un feuillet abîmé.

JAMNITZER (Chr.) (?)

158 — Ornement représentant un chevalier fantastique sur un cheval qui se termine en rinceaux. Dessin original dans le goût de Jamnitzer, in-4.

JOUBERT DE L'HIBERDERIE

159 — Le dessinateur pour les fabriques d'étoffes d'or, d'argent et de soie. Paris, 1765, in-8, veau; fig.

JOUSSE (Math.)

160 — Le secret d'architecture découvrant les traits géométriques, couppes et dérobements nécessaires dans les bastiments. La Flèche, 1642, in-fol., vél.; fig. sur bois.

LABACCO (Ant.)

161 — Libro appartenente a l'architettura nel qual si figurano alcune notabili antiquita di Roma. Roma, 1559, in-fol. cart.; pl.

LA JOUE

162 — Troisième livre de cartouches. Suite de 6 (sur 12) ff. montées sur papier fort. Huquier, s. d., in-4.

Les 6 ff. sont les nos 1 (titre), 2, 5, 8, 11, 12.

LALONDE (de)

163 — Œuvres diverses. Décoration intérieure des appartements, meubles, orfévrerie, serrurerie. Réunion de 336 pièces en 2 vol. in-fol. maroquin vert, dos et plats ornés et cahiers en feuilles.

LE RECUEIL EST AINSI COMPOSÉ

1° 1re partie de l'œuvre, 26 cahiers de 6 p.

2° Cahiers d'ameublements, 9 cahiers de 6 p.

3° Cahiers de meubles et d'ébénisterie, 4 cah. de 6 p.

4° Cahiers de meubles dessinés par de Lalonde et gravés par Fay : cah. 2, 5, 13, 19, 12, 20, 22, 25, 26, 28, 29, 30, 33, 34 complets, cah. 3 (nos 3 et 4), cah. 7 (nos 3 et 4) cah. 8 (nos 2, 3 et 4) cah. 9 (no 2).

5° Cahiers d'ouvrage utile à l'orfévrerie, cahiers 1, 3, 4, 5, 6, soit 5 cahiers de 4 p.

6° Deuxième cahier de menuiserie, 4 p.

7° Quatrième cahier de diligences ornées, grav. par Hauer, 4 p.

8° Cinquième cahier de grilles et balcons, 4 p. gravées par Gérardin.

9° Différents ornements de cheminées, 6 p. grav. par Saint-Morien.

10° Différentes grilles pour les châteaux, 4 p. gr. par Saint-Morien.

11° Lits gravés par Fay, 4 p.

12° Pièces diverses gravées par Fay, Le Roi, Hauer.

On a ajouté :

Serrurerie de Caillouet, 4 cah. de 6 pl.

Arabesques de Salembier, 10 pl.

Ensemble, 370 pièces.

164 — Première partie de l'œuvre. Recueil de 100 planches in-fol.

LALONDE (**de**) (*Suite*)

AINSI COMPOSÉ :

Cahiers 1, 3 complets, 4 (nos 1 à 5), 5,6, 7, complets,8 (nos 1 à 4 et 6), 9, 10 complets, 11 (no 2 à 6) 12, 14, 15, 16, 17, 18, complets, 22 (no 1 à 3), 24 (no 1 à 5), 26 complets. Quelques ff. remontées.

CAHIERS DIVERS

PREMIÈRE SUITE

165 — 1er Cahier. Bordures, 6 ff.

166 — 2e Cah. de différentes formes de bordures, 6 ff.

167 — 3e Cah. Pieds de meuble, 6 ff. ; pet. marges.

168 — 4e Cah. Bordures à l'usage de la sculpture, 6 ff.

169 — 6e Cah. Petites bordures, 5 (sur 6) ff.

170 — 7e Cah. Portes, corniches, 6 ff. à toutes marges.

171 — 10e Cah. Chambranles de cheminées, 6 ff.

172 — 12e Cah. Cheminées avec leurs trumeaux, 6 ff.

173 — 15e Cah. Modillons et rosaces, 6 ff. à toutes marges.

174 — 16e Cah. Baromètres, cartels, chenets, 6 ff.

175 — 17e Cah. Bordures et corniches, 6 ff.

176 — 18e Cah. Corniches et moulures, 6 ff.; petites marges.

177 — 24e Cah. Serrurerie, 4 ff. (1 à 4).

178 — 26e Cah. Anneaux de clefs, verrous, 6 ff.

DEUXIÈME SUITE

179 — 6e Cah. (F.) d'ameublements, 6 ff. ; petites déchirures.

180 — 8e Cah. Fauteuils, 4 ff. (nos 1 à 3, 6.)

LALONDE (de) (*Suite*)

TROISIÈME SUITE

181 — Cahiers de meubles et d'ébénisterie (A, C, D); 18 ff. à toutes marges.

182 — 1er Cah. (A) de meubles et d'ébénisterie, 6 ff.

183 — 4e Cah. (D.) de meubles et d'ébénisterie, 6 ff. à toutes marges.

QUATRIÈME SUITE

184 — 1er Cahier d'ouvrage utile à l'art d'orfévrerie, 4 ff. à toutes marges.

185 — 2e Cahier d'orfévrerie, 3 (sur 4) ff., montées sur pap. fort.

LAVALLÉE-POUSSIN (1722-1803)

186 — Nouvelle collection d'arabesques propres à la décoration des appartements, dessinées à Rome par Lavallée-Poussin et gravées par Guyot. Précédé d'une notice historique sur le genre arabesque et une explication raisonnée des planches par Le Noir. Paris, vers 1770, in-4, cart., n. rogn.; 40 planches.

Petites mouillures.

LE CHARPENTIER

187 — Recueil des plans, coupes et élévations du nouvel Hôtel-de-Ville de Rouen. Paris, Jombert, 1758, gr. in-fol.; pl. grav.

LE GEAY

188 — Collection de divers sujets de vases, tombeaux, ruines et fontaines utile aux artistes. Paris, 1770, in-fol. d.-veau ; titre et 24 pl.

LE PAUTRE (Ant.)

189 — Œuvres d'architecture. Paris. Jombert, s. d., in-fol. cart.; 60 pl. grav. ; mouillures.

LE PAUTRE (Jean)

1° SUITES PUBLIÉES PAR GANTREL, LE BLOND, POILLY, MONCORNET, LANGLOIS, MARIETTE, ET QUI ONT ÉTÉ RÉUNIES DANS LE RECUEIL PUBLIÉ PAR JOMBERT.

190 — Placards ou ornements pour l'enrichissement des chambres, 6 p.

191 — Trophées d'armes. Paris, Langlois, 6 p.

192 — Lambris à la française. Mariette, 6 p.

193 — Desseins de lambris, de Trouvain, 6 p.

194 — Montants de trophées d'ornements. Poilly, 6 p.

195 — Clôtures de chapelles. Langlois, 1659, 6 p.

196 — Cheminées à l'italienne. Mariette, 6 p.

197 — Alcôves à l'italienne. Mariette, 6 p.

198 — Panneaux pour lambris, 6 p.

199 — Quarts de plafonds. Mariette, 6 p.

200 — Sujets d'histoire et de mythologie. Langlois, 6 p.

201 — Salières et cartouches. Mariette, 1660, 6 p.

202 — Retables d'autels à l'italienne, 6 p.

203 — Ornements pour embellir les chapiteaux, architraves, frises, etc. Mariette, 6 p. remontées.

204 — Cheminées à la moderne. Mariette, 1661, 6 p.

205 — Ornements de panneaux modernes. Mariette, 6 p.

LE PAUTRE (Jean) (*suite*)

206 — Grotesques et moresques à la moderne. Mariette, 6 p. ; petites marges.

207 — Grotesques et moresques à la moderne. Mariette, 6 p., remontées.

208 — Plafonds. Moncornet excudit, 6 p.

209 — Nouveaux dessins de plafonds. Langlois, 6 p.

210 — Plafonds. Le Blond, 12 p. ; grandes marges.

211 — Portes cochères. Langlois, 6 p.

212 — Nouveaux desseins de cheminées à l'italienne. Langlois, 6 p.

213 — Nouveaux desseins de cheminées à peu de frais. Langlois, 6 p.

214 — Alcôves à la française. Langlois, 6 p.

215 — Lambris à la romaine. Mariette, 1661, 6 p.

216 — Alcôves, avec dédicace à M. Patin. Le Blond, 1667, 6 p.

217 — Sujets tirés des métamorphoses d'Ovide. Langlois, 6 p.

218 — Nouveaux dessins de plafonds. Langlois, 6 p.

219 — Vues, grottes et fontaines de jardins à l'italienne. Mariette, 6 p.

220 — Frises. Le Blond, 6 p.

221 — Panneaux d'ornements. Le Blond, 6 p., remontées.

222 — Frises ou montants à la moderne. Mariette, 1657, 6 p.

223 — Panneaux pour lambris. Gantrel, 7 p.

224 — Grands carts de plafonds à la romaine. Mariette, 1661, 8 p.

LE PAUTRE (Jean) (*suite*)

225 — Morceaux d'ornements pour frises, corniches et architraves. Mariette, 6 p.

226 — Livres de frises et ornements. Gantrel, 6 p.

227 — Aubenistiers et placques à la romaine. Mariette, 1667, 6 p.

228 — Nouvelles inventions pour faire les bancs des œuvres. Mariette, 6 p.

229 — Dessins de lambris à l'italienne. Langlois, 1659, 6 p.

230 — Trophées d'armes à l'italienne. Mariette, 6 p.

231 — Cheminées à la romaine. Mariette, 6 p.

232 — Alcôves. Paris, chez Poilly, 6 p.

233 — Nouveaux ornements ou plafonds. Mariette, 6 p.

234 — Différents morceaux d'ornements à la romaine. Mariette, 6 p.

235 — Sujets de mythologie. Le Blond, 18 p.

2° SUITES PUBLIÉES DANS L'ARCHITECTURE A LA MODE DE LANGLOIS.

236 — Livre de lits à la romaine. Gantrel, 6 p.

237 — Même suite, 6 p., petites marges.

238 — Termes, supports et ornements. Langlois, 6 p.

3° SUITES PUBLIÉES DANS L'ARCHITECTURE A LA MODE DE MARIETTE.

239 — Alcôves à la royalle, 5 (sur 6) p.

240 — Nouveaux desseins pour embellir les chaises et carrosses,5 (sur 6) p.

LE PAUTRE (Jean) (*suite*)

241 — Fonds de riches salons, 7 p.

242 — Même suite, 7 p.

243 — Grands vases avec riches cadres. Paris, Çany, 6 p.

244 — Sujets mythologiques dans les jardins. Langlois, 6 p.

245 — Même suite, 6 p.

246 — Fontaines ou jets d'eau à l'italienne. Mariette, 166., 6 p.

4° SUITES DIVERSES QUI NE FIGURENT PAS DANS LES RECUEILS CI-DESSUS DÉSIGNÉS.

247 — Paysages, fontaines, sujets mythologiques. Le Blond, 12 p. rondes.

248 — Livres de parterres à la nouvelle manière. Paris, chez l'auteur, 6 p.

249 — Vases d'ornements. Langlois, 5 p.

250 — Nouveau livre de cartouches. Gantrel, 6 p.

251 — Grilles et rampes. Ottens, 6 p.

252 — Fontaines et paysages. Le Blond, 9 p.

253 — Fontaines, maisons de plaisance, pavillons, grottes. Le Blond, rue Saint-Denis, 12 p.

254 — Même suite. Paris, van Merlen, 5 p.

255 — Cheminées à l'italienne. Jollain, 1677, 6 p.

256 — Autels à la romaine. Jollain, 1665, 6 p., quelques taches.

257 — Alcôves à la française. Langlois et Le Blond, 12 p.; le titre n'est pas de la suite.

258 — Ouvrages en bronze, serrurerie, etc., 6 pièces diverses.

259 — Vues de jardins, sujets d'histoire, trophées, etc. In-fol., d. rel.

LE PAUTRE (Pierre)

260 — Bassins de Versailles et statues, 6 p., petites marges.

LOCK

261 — Miroirs rocailles. Suite de 6 ff. y compris le titre. London, 1744, in-fol.

262 — Livres de tables. 6 ff. y compris le titre. London, 1746, in-fol.

LOCK (M.) et COPLAND

263 — A new book of ornaments with eight leaves consisting of chimneys, sconces, tables, spandle pannels, spring clock cases, etc. London, 1752, petit in-fol.; titre et 8 ff.

LOIRE (1624-79)

264 — Plafonds à la moderne. Suite de 12 pièces. Langlois, 1700, in-fol. obl.

LOIRE

265 — Collection de 24 planches d'ornements comprenant : Nouveaux desseins d'ornements de panneaux, 6 p. — Frises, 6 p. — Panneaux d'ornements, 6 p. — Dessins de brasiers, 6 p. Paris, Langlois et Mariette, in-4 obl., d.-maroq.

On a ajouté 3 pl. d'ornements de carrosses ; 12 pl. ont de petites marges.

266 — Desseins pour embellir les chaises roulantes nouvellement inventez par N. Loire et grav. par A. Loire. 12 pièces sur 6 ff. Paris, Langlois, in-fol. obl.

MARIETTE

267 — Architecture française. Recueil de 41 planches, la plupart doubles ou se dépliant, vues et plans de châteaux. Paris, 1738, gr. in-fol. cart.

Ces 41 pl. font partie du 4e vol. de l'Architecture française : Châteaux de Marly, Bagnolet, Sceaux, Le Louvre, Tuileries, Versailles, Meudon, Maisons, Clagny, Collège des Quatre-Nations, Sorbonne.

268 — Recueil de 24 planches doubles en se dépliant, vues de châteaux des environs de Paris et de Paris. Paris, 1738, gr. in-fol. veau.

Ces 24 planches font partie du 4e vol. de l'Architecture française : Louvre, Collège des Quatre-Nations, Clagny, Orangerie de Versailles, Ecuries de Versailles.

269 — Les Vertus innocentes ou leurs simboles sous des figures d'enfants. Paris, s. d., in-fol. ; 9 pl.

MARILLIER (1740-1808)

270 — Nouveaux trophées ou cartouches représentant les arts et les sciences. Paris, vers 1775, in-fol. ; titre et 12 pl.

MAROT (Daniel)

271 — Opera continentia magnam multitudinem inventorum in usum architectorum, pictorum, sculptorum, fabrorum, aurariorum, hortulanorum aliorumque. S. l. n. d. (Amsterdam, 1712), in-fol. veau.

Ce recueil comprend 1 titre et 148 planches dont le détail suit :

Parterres de jardins, 6 ff. — Nova fontium delineatio, 6 ff. — Liber statuarum, 6 ff. — Berceaux

MAROT (Daniel) (*suite*)

et treillages, 6 ff. — Vases et pots de jardin, 6 ff.— Perspectives, 6 ff. — Novæ cheminæ, 6 ff. — Nouvelles cheminées à panneaux de glace, 6 ff. — Cheminées à la hollandaise, 6 ff. — Lambris, 6 ff. — Tableaux de portes, 6 ff. — Nouveau livre d'appartements, 4 ff. — Plafonds, 6 ff. — Nouveau livre de plafonds, 6 ff. — Montants d'ornements, 4 ff. — Second livre d'horlogerie, 6 ff. — Tombeaux, 6 ff.— Vases, 8 ff. — Second livre d'ornements, 6 ff. — Livre d'appartements, 6 ff. — Nouveau livre d'ornements de broderie, 6 ff. — Nouveau livre de boîtes de pendules, 6 ff. — Second livre de tombeaux et d'épitaphes, 6 ff. — Le cahier des montants d'ornements et en double. On trouve dans le même volume une suite complète de 8 pièces d'arquebuserie intitulée : Plusieurs pièces et ornements d'arquebuzerie le plus nouvellement inventées et tirées des premiers maîtres de l'Europe par Schenck. Amsterdam, 1692.

272 — Recueil de 1 titre et 100 planches gravées de son œuvre, in-fol. cart.

Tombeaux, 6 ff. — Nouveau livre d'appartements, 6 ff. — Liber statuarum, 6 ff. — Perspectives, 6 ff. — Second livre d'orlogeries, 6 ff. — Montants d'ornements, 4 ff. — Vases et pots de jardin, 6 ff. — Plafonds, 12 ff. — Novae cheminae, 7 ff. — Nouvelles cheminées à panneaux de glace, 7 ff. — Cheminées à la hollandaise, 7 ff. — Lambris, 1 ff. — Panneaux de glace, 2 ff. — Tableaux de portes, 6 ff. — Berceaux et treillages, 6 ff. — Nova fontium, 6 ff. — Parterres de jardins, 6 ff.

Suites séparées de son œuvre.

273 — Portes cochères, 6 p.

274 — Nouvelles cheminées à panneaux de glace, 6 p.

MAROT (Daniel) (*suite*)

275 — Nouvelles cheminées à panneaux de glaces, 6 p. remontées.

276 — Second livre d'arcs de triomphe et portes de villes, 6 p. avec privilège.

277 — Vases de la maison royale de Loo, 6 p.

278 — Vases et pots de jardins, 6 p. en sanguine.

279 — Vases et pots de jardins, 6 p. en noir.

280 — Novae cheminae, 6 p., petites marges.

281 — Livres de cheminées à la hollandaise, 6 p.

282 — Vueus et bastiments en perspective, 6 p. remontées, avec privilège.

283 — Panneaux, frises et montants d'ornements, 6 p. en sanguine.

284 — Nouveau livre d'ornements pour faire en broderie et petit point, 6 p.

285 — Panneaux, frises et montants, 5 (sur 6) p.

286 — Second livre d'ornements, 6 p.

287 — Liber statuarum, 6 p.

288 — Livre de lambris, 6 p.

289 — Nouveau livre de boîtes de pendules et second livre d'orlogeries, 12 p. avec privilège.

290 — Nouveau livre de boîtes de pendules, 6 p. avec privilège.

291 — Nouveau livre de housses en broderie, 6 p. avec privilège.

292 — Nouveau livre de tableaux de portes, 6 p., avec privilège.

293 — Nouveau livre de plafonds, 5 (sur 6) p.

MAROT (Daniel) (*suite*)

294 — Plafonds, 11 (sur 12) p., avec le privilège, 4 p. ont de petites marges.

295 — Nouveau livre de plafonds, 6 p.

296 — Plafonds, 6 p.

297 — Second livre de tombeaux et d'épitaphes, 8 p.

298 — Nouveau livre de parterres, 18 p. — Les parterres du jardin de M. Rendorp, 5 (sur 6) p. — Nouveau livre de berceaux, 6 p. Ensemble 29 p. en un vol. in-fol. cart.

MAROT (J.)

299 — Architecture française. Recueil de 189 planches, la plupart doubles ou se dépliant, représentant des hôtels et maisons de Paris. A Paris, s. d., in-fol veau.

La planche de la Loterie s'y trouve; le titre et la table manquent; 1 pl. déchirée.

300 — Recueil des plus beaux édifices avec les plans; 20 pl.

Quelques taches.

301 — Recueil de diverses pièces modernes d'architecture et nouvelles inventions de portes. Paris, Langlois, vers 1675, petit in-fol.; 18 pièces.

MAROT (J.) et PERELLE

302 — Vues, plans et élévations de différents hôtels, maisons et portes de Paris et de France, par Marot; 120 pl. — Vues de jardins, portes, fontaines, châteaux, jardins de Paris et de Rome, par Perelle, 170 pl. Paris, s. d., in-fol. obl., vélin. Ensemble 290 planches.

MEISSONNIER

303 — Recueil de 47 pièces, intérieurs, tables, bordures, chandeliers, etc., montées en un vol. in-fol., d.-rel.

On a ajouté 17 pièces de Mondon, Habermann, Grendel.

MOISY et DUVAL

304 — Les fontaines de Paris anciennes et nouvelles avec descriptions historiques et notes. Paris, 1806, in-fol., maroquin ; 60 pl. grav.

MONDON fils

305 — Quatrième livre de formes ornées de rocailles, cartels, figures, oiseaux et dragons chinois. Paris, 1736, 12 pièces y compris le titre. — **Hubert**. Nouveau livre d'ornements, rocailles et vases. Paris, vers 1750, 6 p. Ensemble 18 pièces montées en un vol. in-4, cart.

OPPENORT (G.-M.) (1672-1742)

306 — Œuvre contenant différents fragments d'architecture et d'ornements, comprenant les cahiers AA à KK de chacun 6 planches. Paris, Huquier, 1740, ensemble 60 planches en 1 vol. in-fol. obl., veau, (rel. aux armes).

La pl. 3 du cahier GG manque.

OPPENORT (G.-M.)

307 — Livre de fragments d'architecture dessinés à Rome d'après les plus beaux monuments. Recueil de 152 (sur 168) planches. Paris, Huquier, s. d., in-8, d.-vel.

Recueil connu sous le nom de « Petit Oppenort ».

ORNEMENTS DIVERS

308 — Recueil de 66 planches représentant des buffets d'orgue, monuments, catafalques, colonnes, armoires, cartouches, cadres, cheminées, etc., par Berger, Grossmann, Habermann, Decker, etc. Augsburg, 1718-1770, in-fol., d.-maroq.

Quelques taches ou raccommodages.

ORNEMENTS

309 — Recueil de 44 pièces de maîtres français et italiens des 17e et 18e siècles, collées en 1 vol. in-fol., d.-maroq.

Charmeton. Masques et grotesques, 4 p. — Corniches, 11 p. — Pillement. Trophées, 2 p. — Della Bella. Cartouche, 1 p. — Vauquer. Trophées, 3 p. copies allemandes. — Paty. Vignette, 1 p. — Polydore. Trophées, 7 p. — Vouet. Panneaux, 2 p. etc.

ORNEMENTS

310 — Recueil d'ornements d'architecture extérieure et intérieure de l'ancienne Rome. Paris, s. d. (vers 1815), in-fol., d.-veau; 36 pl. sans titre.

Autels, trépieds, vases, candélabres, sièges.

PERELLE

311 — Recueille des plus belles vueus des maisons royales de France. Paris, Poilly, 1680, in-fol. obl., vel.

Titre doublé et 130 planches. Marly, Noisy, Versailles, St-Cloud, Trianon, Clagny, Fontainebleau, Chantilly, etc.

PERELLE

312 — Recueil de cent cinquante paysages et marines ornés de figures et ruines. Paris, s. d., vers 1660, in-fol., d.-rel.

Titre et 150 figures sur 100 feuilles.

PERELLE et SILVESTRE

313 — Vues de Paris et de ses environs. Recueil de 106 planches. Paris, Langlois, s. d. (vers 1660), in-fol. obl., vel.

Un grand nombre de planches sont avant la lettre avec légendes écrites à la plume.

PORTRAITS

314 — Recueil de 11 feuilles, portraits de femmes en riches costumes par Courtin, Santerre et Lefebvre grav. par Poilly. Paris, 1708-11, in-fol., cart.

RANSON

315 — Première série. 2e suite de différents attributs, trophées et groupes de fleurs, 6 pièces. A Paris, chez Esnauts, 1778, in-fol.; grandes marges.

RANSON

316 — Première Série. 15e Cahier de trophées, nos 1, 4 5, 6. Paris, s. d., in-fol.

317 — Première Série. 16e Cahier de médaillons ronds et ovales, à deux motifs sur la feuille, 6 ff. Paris, chez Esnaut, in-fol.

Planches montées ; taches.

318 — Deuxième Série. 3e Cahier de groupes de fleurs et d'ornements, 6 ff. Paris, Chereau, 1778, in-4; petites marges.

SALEMBIER

319 — 2e Cahier B. Suite de 6 pièces à 2 motifs : compositions pour la décoration des portes à deux vantaux, in-fol.

SALEMBIER (*suite*)

320 — Cahier de frises, 6 p.; quelques taches.

321 — Cahier de trophées, 11 pièces tirées en sanguine; 2 ff., courtes de marges.

322 — 5e Cahier de desseins à l'usage des artistes en architecture, 4 ff. Hauer fecit.

323 — 5e et 6e Cahiers à l'usage des artistes, Frises et silhouettes, 8 ff. Hauer fecit.

324 — Principes d'ornements, 3e et 4e Cahiers, 7 p.

325 — VIIIe Cahier de feux, tables et ornements, 5 p.

SAMBIN (H.)

326 — Œuvre de la diversité des termes dont on use en architecture. Lyon, Durant, 1572, in-fol., grav. sur bois.

SERLIO

327 — Reigles générales de l'architecture sur les cincq manières d'édifices, etc., trad. par Van Aelst, Anvers, 1545. — Livre des temples, trad. par J. Martin. Paris, 1547. En un vol. in-fol. d.-veau; fig. sur bois, titres ornés.

SIMONIN

328 — Plusieurs pièces et autres ornements pour les arquebuziers et les brizures, démontée et remontée, le tous désigné et gravé par Simonin. Suite de 12 pièces numérotées. Paris, 1695, petit in-fol. obl.

Petites marges, raccommodages.

SMITH

329 — A collection of designs for household furniture and interior decoration : draperies, beds, cornices, chairs, candelabri, commodes, etc. London, 1808, gr. in-4, d.-veau; 158 pl. et texte.

THURAINE ET LE HOLLANDOIS

330 — Plusieurs models des plus nouvelles manières qui sont en usage en l'art d'arquebuzerie avec ses ornements les plus convenables, gravé par Jacquinet. Suite complète de 16 pièces. Paris, 1660, petit in-fol. obl.

Quelques restaurations.

TORO (J.)

331 — Nouveau livre de vases. Suite de 4 (sur 6) ff. Paris, XVIIIe siècle, in-4.

Quelques taches.

332 — Livre de tables de diverses formes. Suite de 6 pièces y compris le titre. Paris, XVIIIe siècle, in-4.

Quelques rousseurs.

VALLET (P.)

333 — Le Jardin du Roy Louis XIV, Roy de France. Paris, Mariette, 1630; titre et 93 ff. — Theatrum florae. Paris, vers 1630; titre et 70 ff. Ensemble 2 parties en 1 vol. in-fol.,cart.

Les 2 portraits de la 1re partie manquent.

VAUQUER (J.)

334 — Six frises de rinceaux d'ornements animés d'amours. S. l. n. d., gr. in-8.

335 — Cinq petites frises avec scènes de danse, montées sur papier fort.

VOGTHERR (Heinrich)

336 — Libellus artificiosus omnibus pictoribus, statuariis, aurifabris lapidicis, arculariis, laminariis et cultrariis fabris sumopere utilis. Argentoriae, 1539, 28 ff. y compris le titre. — *Sagredo*. Raison d'architecture antique extraicte de Vitruve et autres anciens architecteurs, trad. de l'espagnol. Paris, 1539, 52 ff. Ensemble 2 parties en un vol. in-4, vélin, compart. de petits fers.

Deux feuilles semblent en fac-similé.

VRIESE (Vredemann de)

337 — Deux cent quarante quatre pièces de son œuvre d'ornements réunies en 2 vol. in-fol., veau.

Ainsi composé : Volume I. Motifs de perspectives, palais, jardins, fontaines. 60 ff. dont 2 de dédicace. — Hortorum viridarior formae. 22 ff. y compris le titre. — Frontons, bases, colonnes, chapiteaux, etc., 39 ff. — Cariatides richement ornées, 16 ff. et le titre. — Volume II : Pictores statuari, 25 ff. — Cartouches à compartiments de cuir découpé, 29 ff. — Grandes décorations de puits et de fontaines, 41 ff. — Décors de jardins et encadrements grotesques, 11 ff. — La plupart des pièces n'ont pas de marges.

338 — Caryatidum (vulgus termas vocat), s. Athlantidum multiformium ad quemlibet architecturae ordinem accomm. centuria prima in usum hujus artis candidator. artific. excogitata. Anvers, vers 1580, in-4 obl. ; titre et 16 pièces.

WILLEMIN

339 — VIe Recueil de vases d'ornements et de figures tirés de l'antique. Paris, vers 1790, in-4, 6 pièces.

340 — VIIIe Recueil. Vases, 6 pièces.

341 — IXe Recueil. Vases, 8 pièces.

WINTER

342 — Livre des plus belles devises enrichies des fleurons et autres ornements nouvellement inventés. Amsterdam, vers 1695, 2 parties en un vol. in-4 obl., d. maroq. vert, tr. dor.

Précieuse suite de 24 planches.

CATULLUS, TIBULLUS, PROPERTIUS

343 — Opera. Londini, Tonson et Watts, 1715, in-8, maroq. citron, dos orné, compartiments de mosaïque, dent. tr. dor.

Jolie reliure de Pasdeloup.

GÉOGRAPHIE

344 — La géographie ancienne, moderne et historique. Paris, 1689-94, 3 vol. in-4, plein maroquin, tr. dor.

Ces 3 volumes comprennent l'Europe.

HÉNAULT

345 — Nouvel abrégé chronologique de l'histoire de France. Paris, Prault, 1756, in-8, maroquin rouge, dos et plats ornés, dent. int. tr. dor. (Pasdeloup).

2e volume seul.

POITIERS

IMPRIMERIE BLAIS ET ROY

7, rue Victor-Hugo, 7

www.ingramcontent.com/pod-product-compliance
Lightning Source LLC
LaVergne TN
LVHW010005230826
846092LV00002B/654

* 9 7 8 2 3 2 9 5 0 1 8 6 4 *